实用经济

PRACTICAL AND E

HOME
DETAIL DESIGN

家居细部设计1360例

■ 王效孟/主编

吊顶

化学工业出版社

·北京·

图书在版编目（CIP）数据

实用经济家居细部设计1360例. 吊顶 / 王效孟主编.
北京：化学工业出版社，2011.7
ISBN 978-7-122-11572-0

Ⅰ. 实… Ⅱ. 王… Ⅲ. 住宅-顶棚-室内装饰设计：细部设计-图集
Ⅳ. TU241-64

中国版本图书馆CIP数据核字(2011)第117855号

责任编辑：王斌　林俐　　　　　　　　装帧设计：骁毅文化
责任校对：宋玮

出版发行：化学工业出版社(北京市东城区青年湖南街13号　邮政编码100011)
印　　装：北京画中画印刷有限公司
889mm×1194mm　1/16　印张 4½　2011年8月北京第1版第1次印刷

购书咨询：010-64518888（传真：010-64519686）　　售后服务：010-64518899
网　　址：http://www.cip.com.cn
凡购买本书，如有缺损质量问题，本社销售中心负责调换。

定　　价：　29.00元

前 言

Foreword

家庭装修在近年来已经发展成为一项全民事业，不论户型大小，在入住之前业主都会对房屋进行美化。随着家庭装修的普及，人们对装修的认识也逐渐的深刻，不仅仅限于硬性的装修，更多地注重装饰上的细节，使居住环境真正做到服务于人，做到实用性和装饰性的完美结合。根据市场潮流我们特别策划了此套以实用为核心的丛书，更有针对性地为人们解决家庭装修中遇到的问题。

丛书精选优秀的装修案例，准确地把握家装流行趋势，将具有个性与时尚风格的装饰元素，融入到现代家居设计中，使其更符合现代人的审美情趣。

这些案例引领着当今的设计潮流及趋势。同时，从设计手法、色彩搭配、材料选用等方面入手，以通俗易懂的点评文字重点解说案例的出彩部分。

本系列图书的内容是市场最为畅销的热点，设计实例是业主在家庭装修时必要的参考资料，共包含实用经济家居细部设计1360例，分为《吊顶》、《背景墙》、《厨房·卫浴》、《玄关·隔断·过道·阳台》四册，图片案例新颖，信息量大，实用性强，书中穿插与图片设计结合紧密的文字知识点，对于业主和设计师都极富参考价值。

希望详细的分类和大量的资料可彻底地解决装修中的难题。书中的案例都倾向于经济型和实用型，适用于大多数的家庭装修，为读者朋友带来个性家装效果的同时节省预算成本。参与本套书编写的有王效孟、李小丽、王敏、王军、李子奇、于兆山、黄肖、邓毅丰、刘杰、王勇、刘晓梅、吴媛媛、孙银青、赵丹、肖冠军、张志贵、刘彦萍。

目 录

Contents

客厅是家庭装修中的最重要的部分，因此客厅的吊顶装修也应该是所有吊顶中效果最为突出的一处。

在家居空间中，客厅吊顶有统领居室风格的作用，无论什么样的设计，都要与整体风格保持一致，同时还要考虑到客厅空间的层高、面积、造型等因素，以保证室内整体效果的协调。

客厅吊顶

图1 石膏板因轻盈以及可塑性强的特点而被人们所喜爱，是天花造型中不可或缺的材料。

图2 现代时尚吊灯，素雅的纹理壁纸，无一不透露出时尚现代的气息。

图3 单边式的吊顶略显单调，设计师选择了一盏精美的水晶灯进行搭配，增添了时尚感。

● 实用客厅吊顶造型 1

　　用石膏在天花板四周做造型。石膏可定做成几何图案或花鸟虫鱼图案。这种做法严格来说并不是真正意义上的吊顶，可称之为假吊顶。它具有价格便宜、施工简单的特点，非常适合小客厅或者经济型的家庭装修，在设计时需要注意与房间的装饰风格相协调，会取得不错的装饰效果。

图1 利用天花板的造型达到空间的和谐，用现代简明的造型手法和淡雅的色彩营造出时尚的气息。

图2 现代简约风格的客厅，吊顶表现为白色，以简单的造型体现出一种时尚简约。

图3 白色的主色调纯洁、浪漫，简洁的造型时尚、大方，搭配米黄色的槽灯使得空间整体更加和谐。

● 实用客厅吊顶造型 2

在房间的四周做吊顶造型，中间保留原顶面，不做造型。这种吊顶可用木材夹板制作成型，可做成各种形状，通常配以射灯和筒灯，在不吊顶的中间部分配上较新颖的吸顶灯，会增加房屋的视觉高度，尤其适用于面积较大的客厅，效果会更加出众。

● 实用客厅吊顶造型 3

把房间四周吊顶做厚，中间部分做薄，形成两个迭级层次。此种造型方式四周部分的吊顶造型较为讲究，可以中间采用木龙骨做骨架，面板采用不透明的磨砂玻璃，玻璃上可用不同颜料喷涂上中国传统图案或几何图案。这样既有现代气息又给人古色古香的感觉。面板还可采用其他材质塑造不同的效果。

图1 此客厅设计着眼整体，兼顾其他室内空间、黑色镜面吊顶时尚大气。

图2 设计师结合过道与客厅交界处的梁结构，采用条形局部式吊顶，利用视觉差，提升客厅的高度。

图3 造型简洁的顶面，若想塑造出时尚感，灯具的设计十分关键。

● 实用客厅吊顶造型 4

　　小户型中逐渐出现了复式结构，客厅为二层挑空的形式，房高就比普通的户型高出许多。这种户型中吊顶形式选择的余地就比较大，石膏吸音板吊顶、玻璃纤维棉板吊顶、夹板造型吊顶等既美观，又有减少噪声等功能，实用性较强，是较为理想的选择。

图1 整个空间在含蓄的奢华中体现生活的品质。这些无不体现着主人不凡的生活品味。

图2 设计师按区域吊顶划分吊顶空间，搭配灯光，将各空间表现得十分到位。

图3 波浪状的天花板使装饰更具流动性，与背景墙蓝色玻璃装饰结合，给室内带来了清爽感受。

● 实用客厅吊顶造型 5

　　有些户型会有传统的人字形屋顶,这时可用木板包裹起来,设计成古建屋脊的式样,可以为空间带来浓浓的古朴情趣。如果客厅面积很大,可以设计比较复杂的吊顶,使平面的天花板呈现出立体感。如觉得直线条过硬,可以设计一个带曲线的吊顶,让房间的视觉效果发生一点变化。

图1 本案例客厅比较宽敞，为了避免空旷感，设计师采用了四周式的吊顶设计，既增添了层次感，又拉伸了房间的高度。

图2 顶部黑色的装饰与墙面造型相呼应，使客厅的装饰更具整体感，同时强化了节奏感。

图3 客厅华美，大气中透着温馨，别致的吊灯体现了主人多元化的审美观。

餐厅吊顶

餐厅可分为独立式、与客厅结合和与厨房结合三种形式。吊顶的设计应根据不同的布局情况来进行选择。

独立式的餐厅，吊顶造型没有局限性。与客厅结合的餐厅，顶部造型需结合客厅的造型进行设计。餐厨结合的布局吊顶造型需采用防潮、防火的材质，以实用为原则。

1

2

图1　设计师以简约的设计手法设计了就餐空间，力求简单、色彩统一，营造出自然舒适的氛围。

图2　设计师特意以水印镜作为天花板装饰，以扩大空间感。配合浅色系的欧式家具使室内风格更加统一。

图3　餐厅在装饰的选材和选色上都透出了沉稳大气的风格，华丽的吊灯使空间更具韵律感。

3

● 吊顶的用途 2

吊顶还可起到丰富室内光源层次的作用，以达到良好的照明效果。有些住宅原建筑照明线路单一，照明灯具简陋，无法创造理想的光照环境。这时可以利用吊顶将许多管线隐藏起来，并预留灯具安装部位，产生点光、线光、面光相互辉映的光照效果，为室内增色。

图1 设计师将天花板与背景墙巧妙地结合在一起，利用灯光和色彩打造出时尚的餐厅空间。

图2 餐厅中央部分采用了圆形设计，搭配明亮的灯光，展现出一种高雅气质与华贵风格。

图3 通过光线与色彩的设计提升人的食欲。

● 吊顶的用途 3

　　吊顶是分割空间的手段之一。通过不同造型的吊顶，可以使原来层高相同的两个相连的空间变得高低不一，从而划分出两个不同的区域。如客厅与餐厅，通过吊顶分割，既可以使两部分分工明确，又使下部空间保持连贯、通透，一举两得。同时，吊顶还可起到保温隔热的作用，特别是在顶层，作用尤其明显。

图1 天花板的浅木色材质给人温馨舒适的感觉，配合黄色的暗槽灯的映照，餐厅温馨舒适的气氛油然而生。

图2 绚丽的色彩装扮着餐厅，简洁的吊灯、温馨的色彩、柔美的灯光，打造多姿多彩的现代时尚餐厅。

图3 设计师将墙面的造型延伸至顶部，但不同的材质和宽度使其并不明显，这就使空间在富含层次感的同时不乏统一性。

● 不宜设计吊顶的空间

目前大多数户型的高度为2.75米左右，有的甚至只有2.6米，这种情况下做吊顶造型只会使室内空间缩小。但人们普遍认为家庭装修不吊顶就等于没装饰好。此时可以用清淡的阴角线或平角线等线条装饰在顶部与墙面相交的四周，这样的装饰简约实用，并非一定要用吊顶的手法来处理。

图1 此餐厅设计干净、淡雅，提供给人们一个良好的就餐环境。原木质的家具还原了家的品质。

图2 餐厅采用暖色调，选用精致的吊灯，并通过内设辅光源，营造温馨、浪漫的气氛。

图3 天花板与吊灯形成黑与白、高与低的强烈对比，打造出冷峻而鲜明的个性，激情飞扬的气势。

● 适宜做吊顶的空间

若房间内有梁或管道，或者两部分空间的高度差距大，那么是需要做吊顶造型的。很多业主会将阳台改成厅的一部分时，那么厅与阳台天花间会有梁，简单的做法是在梁底向外吊平顶，这样可以让人感觉不到隐去的梁，也可以解决窗帘盒隐藏的问题。客厅到餐厅之间一般情况下会有梁。餐厅面积一般都比客厅小，可考虑在餐厅做吊顶装饰。

图1 原木材质还原了家的品质，原木装饰的吊顶更加让人感受到家庭的温馨。

图2 白色尽显整洁、大气。吊顶在居室中是静态的物质，但带给人的是动态的感受，黄色的灯槽增添了温馨感，使氛围更为柔和。

图3 卧室天花板采用多层吊顶的设计，不仅提升了空间高度还使得室内更加明亮。

● 平面吊顶及特点

平面吊顶的效果看上去像给顶面加了个平板，通常会在里面加辅助光源。适用于餐厅等面积较小的区域。为了增加隔热保温性，也会在顶层用到平面吊顶。若要大面积使用，建议房高须大于2.7米。此种造型通常适合于现代简约风格，常用材料是轻钢龙骨＋石膏板。

图1 设计师精巧的选材、巧妙的设计体现了中国古典风格，荷花图案吊灯散发出迷人的魅力。

图2 现代时尚透明的水晶吊灯，暗黄的米色槽灯，无一不透露出时尚现代的气息。

图3 新古典风格的卧室空间，天花板为白色装饰板，以简单的造型，体现出一种别样的简约。

● 迭级吊顶及特点

迭级吊顶是指层数在2层以上的吊顶。多用于装有中央空调的户型，因为中央空调厚度多在35厘米左右，迭级吊顶能够增加层次感，对房高要求较高，一般要求要在2.7米以上。适合在现代简约风格的居室中使用，常用材料是轻钢龙骨＋石膏板。

图1 人们在室内环境设计上追求简洁明快，线条上力求利落，色彩也从华丽转变成了优雅，创造出极简风格装修。

图2 本案采用古典吊灯造型，韵味十足，让人看了感觉大气。

图3 利用天花的造型达到空间的和谐，用现代简明的手法和暖色调营造空旷而温馨的感觉。

● 异型吊顶及特点

　　造型为不规则图形的吊顶被称为异形吊顶。在2.6米以上的房间都可以使用此种形式。由于材料限制，这些图形仅限于星星、月亮等简单的卡通图案，因此多见于儿童房。适合多种风格，具体需根据图案造型而定。常用材料为轻钢龙骨＋石膏板＋乳胶漆。

图1 本案例时尚中透着古典，以简洁的线条，深浅不同的材质，打造空间稳重又不失轻松感的风格。

图2 这是一个略带欧式华美风格的家居空间，顶面选用了白色的石膏板，其用意在于提升空间高度。

图3 顶部石膏吊顶构成了空间的装饰重点，配以柔美在米色灯光，倍显舒适。

● **直线吊顶及特点**

　　直线吊顶类似顶角线，但顶角线更窄、更细，而直线吊顶的宽度多在30～45厘米之间，厚度多在8～12厘米之间。房高2.6米左右的客厅、卧室等区域都可以使用此种吊顶造型，更适合于形状规整的房屋，适用于现代简约风格。常用材料为轻钢龙骨＋石膏板。

图1 整体下吊式的顶面
造型彰显卧室的简约、
大气，灯槽的设计凸显
出了卧室的主次关系，
并拉伸了房高。

图2 顶面部分黄色乳胶
漆的使用强化了卧室内
的温馨氛围。

图3 较大空间为避免单
调与沉闷，需要运用大
面积的设计手法，豪华
气派的吊灯，新颖的墙
面设计，处处透出大气
与奢华。